HASTA DÓNDE ME AMAS?

Te amo hasta la cumbre de los picos
que ilumina el sol naciente...

Gran Cañón, Arizona, EE.UU.

Hasta el manantial de agua fresca
que nace profundo en la caverna…

CENOTE DZITNUP, Yucatán, México

Hasta allí, donde se desdibuja el águila
que planea alta en el cielo.

MACHU PICCHU, LOS ANDES, PERÚ

Te amo hasta el azul del glaciar
más antiguo de la tierra…

GLACIAR, Península Antártica, Antártida

Hasta donde el sol y la lluvia se funden
para pintar un arco iris.

SERENGUETI, Tanzania

Te amo hasta las crestas de las dunas
que barre el viento del desierto…

PENÍNSULA DEL SINAÍ, Egipto

Provenza, Francia

Hasta los campos floridos
que esparcen lavanda por los aires.

Te amo a todo lo largo del río
que lento baja las laderas
y se desliza por el valle
hasta encontrarse con el mar.

LOS ALPES, Suiza

Te amo hasta la cima de la montaña
que se yergue entre las nubes...

Ladakh, Los Himalayas, Kashmir, India

Río Mekong, Vietnam

Hasta el nenúfar recién abierto
que brota feliz en el pantano...

Hasta la alta copa del eucalipto
que le hace cosquillas al cielo.

ISLA CANGURO, Australia Meridional, Australia

Te amo hasta los rugosos corales retorcidos en el fondo del océano.

El Gran Arrecife Coralino, Queensland, Australia

¿Y tú? ¿Hasta dónde me amas?

¡YO TE AMO HASTA LA LUNA!

VIEQUES, Puerto Rico

Y yo, hasta más allá de las estrellas,
donde la luz deja de verse en el espacio
más allá de universos conocidos
y se vuelve en el amor
que anida dentro,
muy adentro de ti.

AMÉRICA DEL NORTE

Provenza,
Francia

Gran Cañón,
Arizona, EE.UU.

Cenote Dzitnup,
Yucatán, México

Vieques,
Puerto Rico

¿Hasta dónde me amas?'
es un juego que solía jugar con mis
hijas y la inspiración tras el recorrido por
los siete continentes de la Tierra presentado
en este libro. He viajado a algunos de los lugares
más impresionantes del mundo y la serenidad de su
belleza me ha hecho sentir parte de la inmensidad
del universo y amada por el mismo. Juega ¿hasta
dónde me amas?' con alguien especial en tu
vida y deja volar tu imaginación de lugar
en lugar pleno de amor.
Lulu Delacre

AMÉRICA DEL SUR

Machu Picchu,
Los Andes,
Perú

Glaciar,
Península Antártica,
Antártida

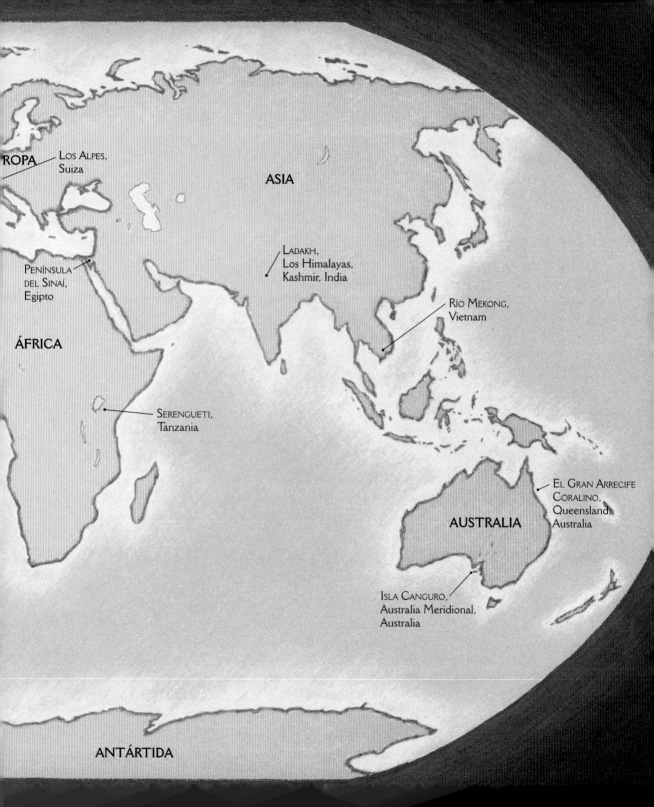

ROPA
Los Alpes, Suiza

ASIA

Península del Sinaí, Egipto

Ladakh, Los Himalayas, Kashmir, India

Río Mekong, Vietnam

ÁFRICA

Serengueti, Tanzania

El Gran Arrecife Coralino, Queensland, Australia

AUSTRALIA

Isla Canguro, Australia Meridional, Australia

ANTÁRTIDA

Lulu Delacre ha escrito y/o ilustrado más de treinta y tres libros infantiles. Su obra con Lee & Low incluye los títulos *Arrorró, mi niño* y *La velita de los cuentos*, ambos galardonados con la medalla de honor Pura Belpré por ilustración; *Alicia Afterimage*, listado entre los mejores libros infantiles del año por Bank Street College; y *Jay y Ben*, un libro interactivo y único para niños con necesidades especiales. Delacre fue honrada en 1998 como Maryland Woman in the Arts y en 2003 formó parte del jurado para los National Book Awards. Ella reside en Silver Spring, Maryland, junto a su esposo. Búscala en luludelacre.com.

LEE & LOW BOOKS Inc.,
95 Madison Avenue,
New York, NY 10016
leeandlow.com
Manufactured in Malaysia by Tien Wah Press, July 2014
English edition (*How Far Do You Love Me?*) published in 2013
Book design by Tania Garcia
Book production by The Kids at Our House
The text is set in Della Robbia and Children
The illustrations are rendered in Sennelier soft pastels
10 9 8 7 6 5 4 3 2 1
First Edition
Library of Congress Control Number: 2014940991

Para mi padre, Georges Delacre, el primero en suscitar conciencia en mí de las tierras y gentes que existen más allá del horizonte; para mi esposo, Arturo Betancourt, quien me ha llevado a tantos de estos magníficos lugares; para mis hijas, Verónica y Alicia, mis compañeras de juego.

Agradezco a todos los parlantes de lenguas extranjeras, como también a los estudiantes residentes de la Casa de Lenguas de la Universidad de Maryland y sus mentores, por la cuidadosa traducción de la pregunta, '¿hasta dónde me amas?'. Mil gracias a Georgina Lázaro por leer y comentar el manuscrito.

Lee & Low Books Inc. *New York*

Cubierta y página 1: VIEQUES, Puerto Rico